54
L5 9??

54
Lb. 9

# MÉMOIRE

SUR

# LA CONSTITUTION,

ADRESSÉ, SOUS FORME DE LETTRE,

## A L'ASSEMBLÉE NATIONALE,

ET DÉDIÉ

## AU GÉNÉRAL CAVAIGNAC,

Chef du Pouvoir exécutif,

PAR

THOMASSIN LE BOHÊME.

PARIS.

IMPRIMERIE DE GUILLOIS, FAUBOURG SAINT-ANTOINE, 123.

1848.

GÉNÉRAL,

La France mise en péril par la coalition armée des ennemis de sa prospérité, s'est confiée à vous, et la France a été sauvée.

Aujourd'hui, Général, l'avant-garde de la Russie se dirige vers le sud, demain la Prusse et l'Autriche fraterniseront à l'ombre du drapeau de l'Allemagne, l'Italie est mise à feu et à sang par les soldats de Radestky, l'Angleterre tranquille chez elle, arme ses flottes.

Si l'Europe allait croire que notre République ne vit que de la vie de l'état de siége; si la sainte alliance voulait faire de la France l'Irlande de l'Europe? *Sentinelle avancée de la Patrie,* Général, *criez garde à vous! France, debout?* et la nation, tout entière, se levera comme un seul homme.

Salut et Fraternité,

**THOMASSIN LE BOHÊME.**

*Citoyens Représentants,*

La France attend, avec une impatiente anxiété, la Constitution que vous ête appelés à lui donner.

Si la révolution de Juillet nous a valu une Monarchie avec des institutions républicaines, que le dernier mot de la révolution de Février ne soit pas une République avec des institutions monarchiques.

N'oubliez pas, Citoyens, que les institutions monarchiques sont tout l'opposé des institutions républicaines.

Dans une Monarchie, le droit c'est la faveur, dans une République, la faveur c'est le droit.

Un gouvernement monarchique, c'est le gouvernement de la majorité par la minorité; un gouvernement républicain, c'est le gouvernement de la minorité par la majorité.

Une Monarchie est d'autant plus puissante que la minorité qui gouverne est plus infime, relativement à la majorité; une République est d'autant plus puissante, que la majorité qui gouverne est plus nombreuse, relativement à la minorité.

Dans une Monarchie, les fonctions honorifiques sont quelquefois électives, les fonctions rétribuées, *jamais*; dans une République, les fonctions honorifiques ou rétribuées doivent être, à peu d'exceptions près, toujours électives.

Dans une Monarchie, le devoir et l'intérêt sont presque toujours en lutte; dans une République, le devoir et l'intérêt sont frères.

Une Monarchie, c'est un cône bâti sur le sommet; une République, c'est un cône bâti sur la base.

Dans une Monarchie, le pouvoir se délègue de l'individualité à la pluralité, du grand au petit, de haut en bas, du souverain au peuple; dans une République, le pouvoir se délègue de la pluralité à l'individualité, du petit au grand, de bas en haut, le peuple est souverain.

Dans une Monarchie, la centralisation s'organise de haut en bas, de la tête aux pieds, du centre à la circonférence; dans une République, la centralisation s'organise de bas en haut, des pieds à la tête, de la circonférence au centre.

Dans la centralisation monarchique, l'intrigue et les protections sont tout, à peu de chose près; dans la centralisation républicaine, l'intrigue et les protections ne sont rien ou peu de chose.

Dans la centralisation monarchique, l'intérêt public sert de prétexte à l'octroi des fonctions; dans la centralisation républicaine, les fonctions n'existent que dans la mesure des besoins de l'intérêt général.

Dans la centralisation monarchique, le fonctionnaire se regarde comme le vainqueur de la fonction qu'il exploite à sa guise; dans la centralisation républicaine, le fonctionnaire sait qu'il n'est que le mandataire de ses électeurs et qu'il ne peut impunément servir que l'intérêt de tous.

Dans la centralisation monarchique, l'intelligence, l'instruction, l'activité, l'aptitude et la probité ne *priment* guère dans le classement des fonctions; dans la centralisation républicaine, à l'ombre de l'élection, le classement des fonctions se fait d'après le degré d'intelligence, d'instruction, d'activité; la probité est de rigueur.

Dans la centralisation monarchique, les fonctionnaires étant à la merci les uns des autres, ne peuvent conserver leurs fonctions qu'en travaillant pour ou contre l'intérêt général, suivant que l'impulsion qui leur est donnée est favorable au contraire à l'intérêt général; dans la centralisation républicaine, les fonctionnaires ne peuvent conserver leurs fonctions qu'en travaillant toujours dans l'intérêt général.

Dans la centralisation monarchique, les fonctionnaires, obligés d'agir aujourd'hui dans un sens, demain dans un autre, n'étant justiciables que des supérieurs dont ils dépendent; n'osent rien prendre sur eux, ce qui les rend impuissants en présence de l'imprévu; dans la centralisation républicaine, les fonctionnaires agissent toujours dans l'intérêt général, ne sont justiciables que de l'opinion publique dont ils dépendent; en présence de l'imprévu, ils ont toujours en main les armes de l'intérêt général.

Dans la centralisation monarchique, l'harmonie est à la surface, l'anarchie au fond et la force nulle part; dans la centralisation républicaine, l'harmonie et la force sont partout, et l'anarchie nulle part.

La centralisation monarchique vit sous l'égide de l'intimidation; la centralisation républicaine vit à l'ombre de la Fraternité.

Citoyens Représentants, la France a par trois fois condamné la Monarchie à l'exil; que la Monarchie soit à jamais bannie du sol de la France; que chacun de vous contribue dans la limite de ses moyens, à graver profondément dans tous les cœurs cette devise providentielle :

*Liberté, Egalité, Fraternité !*

Oubliez les institutions de tous les régimes et de tous les âges; n'écoutez plus que la voix du peuple :

*Vox Populi, vox Dei.*

La voix de la majorité est la voix de la vérité; appliquons ce précepte en tout et pour tout, et la France est sauvée, sinon non.

# CONSTITUTION RÉPUBLICAINE.

## *Droit et devoir de la République.*

La République a le droit de disposer, *dans l'intérêt de tous*, de la fortune et de la vie de chaque citoyen.

Le devoir de la République est de garantir à chacun de ses enfants le pain de chaque jour.

## *Droit et devoir du Citoyen.*

Chaque citoyen a le droit d'exiger de la République qu'elle lui garantisse pour lui et les siens, s'il y a lieu, le pain de chaque jour.

Le devoir de chaque citoyen est de contribuer *dans la limite de ses facultés*, à l'accroissement de la richesse publique et à la défense de la Patrie.

## *Institutions administratives et politiques.*

Toutes les fonctions honorifiques ou rétribuées seront temporaires et électives.

Tout citoyen âgé de vingt-un ans révolus, sera électeur et éligible à tel emploi que ce soit (en remplissant la condition d'âge et d'aptitude voulue par la loi), s'il n'est interdit ou flétri.

## *Organisation de la Commune.*

Les membres du conseil municipal de chaque commune seront élus tous les trois ans, à la majorité relative et par bulletins de listes, par les électeurs de leur commune respective.

Chaque conseil municipal, réuni dans le lieu ordinaire de ses séances, élira dans son sein le maire et le nombre d'adjoints voulu par la loi.

## *Organisation du Canton.*

Une fois tous les trois ans, les électeurs de chaque canton éliront, par bulletins de listes et à la majorité relative, un nombre de membres du conseil-général en rapport avec la population du canton.

Les membres du conseil-général élus par un canton, formeront avec les maires des différentes communes de ce même canton, le *conseil cantonnal.*

Le conseil cantonnal choisira dans son sein, parmi les membres du conseil-général, un Président, un Vice-Président et un Secrétaire.

Les attributions du conseil cantonnal seront celles du conseil d'arrondissement, exercées dans la limite du canton seulement.

Le président du conseil cantonnal remplira les fonctions de premier magistrat du canton; il pourra se faire remplacer par le vice-président.

## *Organisation du Département.*

Les membres du conseil-général élus par tous les cantons d'un département, formeront le conseil-général de ce département.

Chaque conseil-général réuni dans le lieu ordinaire de ses séances, élira le préfet de son département; il élira également un ou deux adjoints, suivant l'importance de la population du département.

En cas d'absence ou de maladie du préfet, le département sera administré par un adjoint.

## *Organisation supérieure de la République.*

Une fois tous les trois ans, suivant l'importance de la population, chaque département élira par bulletins de listes et à la majorité relative, un nombre plus ou moins grand de Représentants de la Nation.

Le nombre de Représentants à élire en France et dans les possessions françaises ne pourra dépasser cinq cents.

Les Représentants de la Nation, réunis dans le lieu ordinaire de leurs séances, se diviseront en autant de comités permanents qu'il y aura de départements ministériels; et chaque comité en autant de sous-comités que le ministère spécial dont il s'occupe aura de directions générales.

Pour le choix des Ministres, chaque comité permanent, après s'être entendu avec le Président de la République, par l'organe de son bureau, présentera une liste de trois candidats; c'est parmi tous ces candidats, dont le nombre est triple de celui des portefeuilles, que l'Assemblée Nationale élira les Ministres de la Nation.

L'élection des ambassadeurs, des ministres plénipotentiaires ou des chargés d'affaires, sera faite par le comité permanent des affaires étrangères, sur la présentation et sous la présidence du ministre de ce département.

Les consuls-généraux, consuls et chanceliers de consulat, seront élus par le sous-comité des affaires étrangères de la direction des consulats, joint au sous-comité du commerce d'exportation du ministère du commerce, sur la présentation et sous la présidence du ministre des affaires étrangères.

La République aura pour chef suprême un président élu pour trois ans, par le suffrage universel; l'élection ne sera valable qu'autant que le candidat le plus favorisé aura obtenu un nombre de suffrages égal au moins au tiers des votants.

Citoyens représentants, pensez-vous que les membres d'un conseil municipal d'une commune, c'est-à-dire les hommes les plus capables et les plus estimés de cette commune, n'aient pas un intérêt plus grand qu'un préfet, quel qu'il soit, à ce que leur commune soit bien administrée ?

Est-ce que les membres d'un conseil municipal qui ne se sont presque jamais perdus de vue, depuis leur enfance, ne sont pas cent fois plus en mesure de choisir parmi eux leurs magistrats avec connaissance de cause, qu'un préfet nommé depuis huit jours, et venu de cent lieues loin ?

Pouvez-vous supposer qu'un conseil municipal, tant peu capable et tant peu digne qu'il soit, prenne pour son chef, un homme assez fou pour vouloir lutter contre l'autorité centrale ?

Le maire d'un bourg, d'une ville, de Lyon, si vous voulez, sera assez insensé pour lever l'étendard de la révolte contre les lois de son pays ! Vous savez bien que celui qui viole la loi est frappé par la loi !...

Si le choix du premier magistrat d'une commune appartient au conseil municipal de cette commune, pourquoi le choix du premier magistrat d'un département ne reviendrait-il pas de droit aux membres du conseil-général de ce département ?

Est-ce qu'un avocat (fort honorable du reste), qui plaidait encore dans le département de la Seine-Inférieure lors des dernières élections, ministre de l'intérieur aujourd'hui, est plus intéressé à ce que le département des Bouches-du-Rhône soit bien administré, que les membres du conseil-général de ce département ? Est-ce que les membres du conseil-général des Bouches-du-Rhône ne pourraient pas trouver dans leur département, ailleurs, si vous voulez, un administrateur connaissant leur idiôme, leurs habitudes, leurs besoins, leurs droits, aussi capable enfin de diriger leur département, que tel avocat sans cause, ou tel ex-émeutier de première force ?

Pensez-vous que si, jusqu'à ce jour, les préfets avaient été choisis par les conseils-généraux, les départements n'auraient pas à leur tête des magistrats autrement capables et autrement dignes que les préférés du dernier et de l'avant-dernier ministres de l'intérieur ?

Est-ce que si l'Assemblée Nationale avait élu directement les ministres, le ministère de la Commission exécutive eût été possible ? Est-ce que les fatales journées de Juin auraient affligé la République ?

Parlerai-je des chargés d'affaires, des consuls déjà nommés ? Je ne vois là que des incapables, des faillis, des piliers d'estaminets et des conspirateurs.

Citoyens Représentants, parmi les fonctionnaires de tout ordre et de tout grade, élus par les moyens que je viens d'indiquer, vous n'en trouverez ni d'incapables, ni d'indignes, ni d'improbes; vous n'en trouverez pas un qui songe sérieusement à faire de l'opposition à l'autorité centrale, par la raison que les fonctionnaires, de même que l'autorité centrale, veulent le bonheur de la France.

Que la loi définisse avec soin les attributions de chaque fonctionnaire;

R.F.

qu'elle définisse avec le même soin les rapports hiérarchiques des fonctionnaires entre eux; soyez assurés que, dans notre jeune République, depuis le plus humble citoyen jusques et y compris le Président, tout le monde respectera la loi et prendra les armes au besoin pour la faire respecter.

Sous la monarchie, la France avait pour tuteur un roi qui nommait et devait nommer les ministres, les ministres nommaient et devaient nommer les hauts fonctionnaires, cela devait être ainsi; la Nation ne pouvait rien, elle était mineure.

Aujourd'hui, la France est émancipée, le Roi de la République française, c'est le peuple, c'est-à-dire la nation entière; c'est le Roi de la République, c'est-à-dire la nation, qui doit nommer à tous les emplois.

Si les choses ne se passent pas ainsi, si la nation se dessaisit de quelques-uns de ses droits, au bénéfice d'une personnalité quelle qu'elle soit; les droits qu'elle s'est réservés, elle les abandonnera peu à peu, de gré ou de force, et la France finira par redevenir comme devant, Monarchie.

## *Institutions judiciaires.*

Parmi les institutions qui, dans l'intérêt général, ont grand besoin d'être révisées, celles qui ont trait à nos tribunaux viennent en première ligne; la camaraderie et le népotisme le plus éhonté ont contribué, pour une très-large part, aux choix du personnel de la magistrature; la politique a pollué le sanctuaire de la justice; que les justiciables à l'avenir élisent leurs juges, la justice et l'humanité y trouveront leur compte.

Les juges de paix et leurs suppléants seront élus par tous les conseillers municipaux de leur canton respectif, à la majorité absolue des suffrages.

Les juges des tribunaux de chef-lieu de département seront élus par les membres du conseil-général de leur département, auxquels seront adjoints les officiers ministériels, les avocats inscrits au tableau, et les anciens magistrats du ressort; les candidats devront être licenciés en droit et âgés de trente ans au moins.

Les membres des tribunaux d'appel, les procureurs et substituts de la République seront élus par le comité permanent de la justice, sur la présentation et sous la présidence du ministre de ce département.

L'Assemblée Nationale se réservera la nomination des membres du tribunal de cassation, du procureur général et des substituts dudit tribunal.

Les différents tribunaux choisiront dans leur sein leur président respectif.

## *Institutions militaires.*

Si dans plusieurs régiments il s'est passé des faits regrettables, au point de compromettre gravement la discipline militaire, sans laquelle il n'y a pas d'armée possible, il faut en conclure que là aussi, il y a quelque chose à faire.

Jusqu'à ce jour, les soldats n'ont aucunement participé à la nomination de leurs chefs; il n'en pouvait être autrement sous le régime du monopole et de l'aristocratie : sous le règne de l'égalité, c'est autre chose; le soldat, à qui on reconnaît maintenant le titre de citoyen, du moment qu'il vote pour l'élection des Représentants de la Nation, peut bien contribuer pour une petite part au choix de son caporal. Que l'armée élise une partie de ses Officiers et ce sera justice: la discipline et la valeur de nos armes ne peuvent qu'y gagner; les soldats compteront sur les chefs qu'ils auront placés à leur tête; les chefs compteront sur les soldats qui les auront élus; et de cette confiance réciproque, sortira une armée incomparable par son ensemble, son courage et son patriotisme.

Les soldats resteront trois ans consécutifs sous les drapeaux; rentrés ensuite dans leurs foyers, ils feront partie de la réserve pendant cinq années encore.

L'avancement dans l'armée aura lieu de la manière suivante : un tiers des grades sera dévolu à l'élection, un tiers au concours, et le dernier tiers à l'ancienneté.

Un simple soldat ne pourra passer sous-officier qu'après un an de service.

Un sous-officier ne pourra passer officier, un officier ne poura être promu à un grade immédiatement supérieur qu'après deux ans de grade, en temps de guerre excepté.

L'élection pour les différents grades jusqu'à celui de sous-lieutenant exclusivement, sera faite dans chaque compagnie, sous la présidence du capitaine, par tous les soldats et sous-officiers de la compagnie; l'élection ne sera valable qu'autant que les candidats auront la majorité absolue.

Le concours pour les mêmes grades, dans chaque compagnie, se fera aussi sous la présidence du capitaine, par un juge de chaque grade jusqu'à celui de capitaine y compris; les juges seront élus par voie de scrutin par la compagnie.

L'élection des sous-lieutements, lieutenants et capitaines, à laquelle prendra part toute la compagnie dont font partie les candidats, se fera sous la présidence du chef du bataillon.

Le tiers des emplois de sous-lieutenant dans l'armée, appartenant de droit aux élèves de l'Ecole de St-Cyr et de l'Ecole Polytechnique, les examens qui ont lieu avant l'admission de ces élèves dans les régiments, remplaceront le concours pour le grade de sous-lieutenant seulement.

Le concours pour le grade de lieutenant et de capitaine aura lieu sous la présidence du chef de bataillon; il y aura un examinateur de chaque grade, ces examinateurs seront pris dans la compagnie à laquelle appartiennent les candidats, et élus par la même compagnie.

Les chefs de bataillon seront élus par le bataillon auquel appartiennent les candidats, l'élection se fera sous la présidence du colonel.

Le concours pour le grade de chef de bataillon aura lieu sous la présidence du colonel du régiment auquel appartient le bataillon; les juges du concours, un par chaque grade, seront élus par le bataillon dont font partie les candidats.

Les lieutenants-colonels, colonels, généraux de brigade et de division, seront élus par le comité permanent de la guerre, sur la présentation et sous la présidence du ministre de ce département.

Les généraux en chef seront élus pendant la session, par l'Assemblée Nationale, sur la présentation du ministre de la guerre, et entre deux sessions, par le conseil des ministres, sur la présentation et sous la présidence du chef du pouvoir exécutif.

Les maréchaux de France, si cette dignité est maintenue, seront élus par l'Assemblée Nationale, sur la présentation du président de la République.

## *Institutions Financières.*

Nos finances sont obérées d'une manière inquiétante, et pourtant en présence d'un état de gêne aussi général, il est impossible d'augmenter les impôts déjà existants, et il est encore plus impossible d'en créer de nouveaux ; et malgré la décroissance de nos revenus, il est urgent que tout ce qui peut entraver le commerce déjà si restreint, tout ce qui peut paraître injuste au point de vue des institutions républicaines, disparaisse au plus vîte, quelque grandes que soient les pertes qui en résulteront pour le trésor.

Citoyens Représentants, si vous arborez hardiment le drapeau *de larges économies*, le budget des dépenses peut être diminué d'un grand tiers; c'est vers ce but que vos efforts doivent se diriger avant tout.

Saisissez bravement *la cognée démocratique*, élaguez vivement l'épais taillis des fonctionnaires ; que tout ce qu'il y a d'inutile soit abattu sans pitié : émondez avec la même ardeur les gros traitements, et l'on dira que vous avez bien mérité de la patrie.

Par suite d'une forte organisation de la réserve, l'effectif de l'armée active pourra être diminué d'un tiers, peut-être même de moitié; et les états-major s dans la même proportion.

Les sous-préfectures étant supprimées comme parfaitement inutiles, et les préfets étant choisis presque toujours dans leur département respectif, il y aura lieu à diminuer de moitié les traitements affectés à ces fonctions.

La Banque de France, ayant dans chaque chef-lieu de département un comptoir d'escompte, et dans chaque chef-lieu d'arrondissement un sous-comptoir, les receveurs généraux et particuliers pourront être remplacés par les directeurs des comptoirs et sous-comptoirs ; de ce côté, il pourra être réalisé une économie très-importante.

Si vous déclarez qu'à l'avenir, les ministres logeront chez eux, et non plus dans les hôtels des ministères, vous économiserez les frais d'installation, les frais d'un nombreux domestique, les frais d'un grand nombre de voitures et chevaux de luxe, les frais des soupers diplomatiques et des soirées princières. Nous n'en finirions pas, si nous passions en revue tout ce que vous pouvez économiser sur les ministres; qu'il leur soit alloué *quarante mille francs* par an à chacun; avec cela, il me semble qu'on peut vivre fort honnêtement; du reste, nous ne demandons pas grand chose à nos excellences ! Qu'elles administrent avec intelligence, activité et droiture, et nous serons contents !

Notre diplomatie offre de grandes ressources à économiser : et d'abord, est-il indispensable que notre République soit représentée à l'étranger par des Ambassadeurs ? Est-ce qu'un tel titre ne sent pas un peu son Louis XIV ? Est-ce que des ministres plénipotentiaires ou de simples chargés d'affaires ne nous suffiraient pas ? Est-ce que la moitié de nos secrétaires d'ambassades ne sont pas de trop ? Est-ce que les attachés de ces mêmes ambassades ne sont pas parfaitement inutiles, tout aussi inutiles que les frais de représentation ? Supprimez, supprimez !...

Depuis un grand nombre d'années, nos millions s'engloutissent par centaines dans le département de la marine, et notre marine dépérit tous les jours ! Ce que nos millions deviennent, Dieu le sait; tâchez, Citoyens Représentants, que la France le sache aussi.

Un ambassadeur revient d'outre-mer, embrasser son premier né; vîte un bateau à vapeur à la disposition du grand dignitaire ! un consul part : un bateau à vapeur pour le consul et sa famille ! un touriste sent le besoin de découvrir les côtes d'Afrique : un bateau à vapeur à la disposition du touriste ! et à la faveur d'un pareil désordre, les gaspillages et les vols se multiplient d'une manière effrayante; et bientôt, si vous n'y mettez bon ordre, la marine française, jadis si florissante, n'existera plus que sur le papier !...

Pour couper court à un état de choses aussi désastreux, le gouvernement provisoire n'a rien trouvé de mieux à faire que de confier le portefeuille de la marine à un astronome qui déjà ne savait où donner de la tête; ce qui ne l'a pas empêché de prendre, par-dessus le marché, le portefeuille de la guerre... Enfin, pour en finir, notre marine tombe entre les mains d'un journaliste qui sombrait aux affaires étrangères. Dieu veuille que l'incendie de nos arsenaux ne vienne pas faire disparaître les traces de l'incurie de nos gouvernants !

Puisque nous en sommes sur l'article de nos finances, établissons notre bilan; sachons au plus vîte où nous en sommes de nos ressources, et d'abord :

Combien nous coûte la république de l'Hôtel-de-Ville et du Luxembourg ?

Pour quelle somme, dans un total qui doit être effrayant, entrent les sous-commissaires, commissaires et commissaires-généraux qui devaient avoir toute la confiance du premier ministre de l'Intérieur de la République ?

A combien se monte l'ordre que le citoyen Caussidière a su créer avec du désordre ?

Combien avons-nous déboursé pour les Montagnards-Sobrier, et pour la garde républicaine ?

Les frais des deux fêtes de la Fraternité et de la Concorde, combien ?

Lorsque vous connaîtrez le prix de tout cela, vous verrez si nous ne sommes pas obligés de nous en tenir à une république d'une couleur moins dispendieuse que celle que nous mijotait le gouvernement provisoire.

Je n'ose trop insister aujourd'hui sur l'indispensabilité de supprimer immédiatement certains impôts ; il y aurait lieu, cependant, de remplacer l'octroi qui fait tant crier, et à juste titre, selon moi, par un impôt progressif sur la valeur locative des propriétés bâties occupées, les magasins, entrepôts de toutes sortes, ateliers et fabriques exceptés.

L'échelle de l'impôt progressif serait plus ou moins élevée, suivant l'importance des localités, de manière à remplacer complètement le revenu de l'octroi.

Pour la ville de Paris, il serait perçu *un pour cent* sur la valeur locative de cent francs et au-dessous.

*Deux pour cent* sur les valeurs locatives de cent un fr. à cinq cents fr.

*Cinq pour cent* sur les valeurs locatives de cinq cent un fr. à mille fr.

*Dix pour cent* sur les valeurs locatives de mille un fr. à deux mille fr.

*Quinze pour cent* sur les valeurs locatives de deux mille un à cinq mille fr.

*Vingt pour cent* sur les valeurs locatives au-dessus de cinq mille un fr.

Il serait perçu soixante-quinze pour cent de moins sur les valeurs locatives de la banlieue, jusqu'aux fortifications.

Le nouvel impôt pesant sur les contribuables, en raison directe de leur fortune, paraîtrait beaucoup moins injuste que l'octroi, aux yeux de tout le monde, et le commerce des produits, aujourd'hui imposé, en retirerait un bénéfice incontestable.

Citoyens Représentants, si le projet dont je viens de vous parler s'exécute, le mur d'octroi de Paris disparaîtra ; les constructions les plus importantes des barrières seront converties en casernes-postes et toujours occupées militairement ; les boulevards extérieurs, réunis aux chemins de ronde nivelés et plantés d'arbres, tels que platanes ou sycomores, formeront autour de la capitale une promenade de ceinture de trente à quarante mètres de large et de sept lieues d'étendue ; que les débris épars de l'insurrection de Juin se réunissent de nouveau pour faire *la belle*, comme ils disent, nos soldats pourront manœuvrer à l'aise, entre les faubourgs et la banlieue, et les fous et les pillards ne seront plus à craindre.

Dans quelques années, la situation du trésor sera plus prospère, je n'en doute pas ; l'impôt sur les valeurs locatives pourra alors être réduit, peut-être même supprimé ; il sera remplacé à son tour par l'impôt des portes et fenêtres, joint à l'impôt personnel et mobilier qui seront perçus pour couvrir les dépenses des localités où ils seront levés; les impôts réunis du sol, de la douane et de l'enregistrement, pourront, je l'espère, faire face au budget des dépenses.

Les patentes disparaîtront à leur tour; le commerce, une fois débarrassé du fisc, l'assiette de l'impôt sera conforme à ce que veulent et le bon droit et les institutions républicaines.

## *Des Gardes Nationales.*

Une guerre européenne n'est pas probable, mais elle n'est pas impossible; dans une telle situation, il est urgent que la garde nationale soit organisée sur tous les points, de manière à pouvoir se charger *seule au besoin*, du service intérieur.

Sera appelé à faire partie de la garde nationale, tout Français âgé de 21 à 55 ans, ayant un établissement tant petit qu'il soit, ou payant un impôt quelconque, ou domicilié chez un parent direct imposé.

Les municipalités chargées du maintien de l'ordre public, pourront restreindre ou élargir le cercle des admissions sous leur propre responsabilité.

L'élection pour tous les grades, *sans exception*, sera directe; mais dans les villes de cent mille âmes et au-dessus, le commandant en chef ne pourra être pris que parmi les citoyens ayant eu dans l'armée active le grade de chef d'escadron ou de bataillon; pour que l'élection du commandant en chef de la garde nationale du département de la Seine soit valable, le candidat préféré devra avoir *dans l'armée* le grade de général de brigade au moins.

Tout garde national qui entendant battre la générale ne prendra pas les armes, sera passible pour la première fois d'un emprisonnement de cinq à dix jours; pour la seconde fois, il pourra y avoir perte des droits civiques pendant trois ou six mois.

## *Des Administrations publiques.*

Chaque ministre, en arrivant au pouvoir, sent le besoin de contenter quelques-unes des ambitions qui l'entourent; il ne trouve rien de mieux à faire pour arriver à son but, que de bouleverser le ministère de fond en comble, ce qui n'a presque jamais lieu sans blesser quelques droits légitimement acquis, et sans nuire quelque peu à l'expédition des affaires.

Que chaque ministère soit bien organisé une fois pour toutes; que la question d'avancement soit réglée par une loi; qu'un ministre en entrant au pouvoir soit obligé de laisser sa coterie à la porte, et ne puisse plus s'occuper que des affaires de son pays.

Que chaque comité spécial élise dans son sein une commission d'enquête qui se rendra dans les bureaux du ministère spécial dont il s'occupe; d'après le rapport de la commission, le comité rédigera et déposera un projet de décret destiné à mettre un terme au régime du bon plaisir; et je vous assure que si, dans un pareil arrangement, la justice et le bon droit font de beaux bénéfices, le trésor n'y perdra pas.

Je me résume en disant que si vous rendez toutes les fonctions électives, vous ne condamnez pas seulement, mais vous murez la porte de l'injustice et de la faveur; cette nuée de courtisans éhontés, de mendiants sans pudeur, qui remplissent les antichambres des fonctionnaires d'un ordre élevé, disparaîtront, et la France verra dans un avenir prochain, luire pour elle des jours de sécurité et de prospérité.

Si vous craignez qu'un maire, qui n'est l'élu que d'une commune, veuille lutter contre un préfet qui est l'élu d'un département; si vous pensez qu'un préfet qui n'est l'élu que d'un département, pourra braver un ministre qui est l'élu de l'Assemblée Nationale; s'il vous vient un instant à l'idée, qu'un ministre qui n'est qu'une fraction du gouvernement, fera de l'opposition au Président de la République, qui est l'élu de la nation entière; que la volonté de Dieu soit faite, la France continuera à être gouvernée comme par le passé, c'est-à-dire à être exploitée.

Le Président de la République nommera des ministres comme l'ex-roi; au lieu de ministres de la France, vous aurez les ministres du Président.

Les ministres de la République nommeront les préfets et sous-préfets avec le même esprit que les ministres de la monarchie; les préfets et sous-préfets seront les très-humbles serviteurs du ministre qui les aura nommés, bien plus que les administrateurs sérieux des localités pour lesquelles ils seront nommés.

Le préfets de la République nommeront comme les préfets de la Monarchie, des maires et adjoints à leur convenance; et à chaque révolution ministérielle, préfets, sous-préfets, maires, tout sera compromis dans son existence administrative.

Si le ministre de l'intérieur ne plaît pas à madame la présidente, quatre-vingt-six préfets accourront à Paris, intriguer à qui mieux mieux pour conserver leurs préfectures; les sous-préfets, au nombre de quatre cent cinquante-neuf, seront sur les épines; sur trente mille maires, pas un ne pourra se dire à l'abri d'une destitution; un tel état de choses pourra durer huit jours, quinze jours, un mois même, et pendant ce laps de temps, ni départements, ni arrondissements, ni communes, rien de tout cela ne sera sérieusement administré.

Quoique républicain de la veille, j'ai la faiblesse de préférer le bonheur de mon pays au triomphe de la République.

Je soutiens que, *à droits égaux*, un roi qui risque son trône, nous offre plus de garantie qu'un président qui ne risque qu'un terme.

Un roi qui peut se tromper nous coûtera moins cher qu'un président qui peut nous exploiter.

Les ministres d'un roi valent mieux, en général, que les ministres d'un président de république.

Les préfets et sous-préfets du ministre d'un roi ont une autorité morale autrement grande que les préfets et sous-préfets du ministre d'un président de république.

Les maires des préfets d'un ministre d'un roi auront, près de leurs administrés, bien plus d'importance que les maires des préfets d'un ministre d'un président de république.

Supposons, pour un instant, qu'à l'approche des élections, le président de la république nomme, pour ministre de l'intérieur, un socialiste plus ou moins avéré, les fonctionnaires qui ne seront pas socialistes seront remplacés par des socialistes. Ce que deviendra la France avec cette perspective, je vais vous le dire : *Lasse de flotter éternellement entre la misère et la guerre civile, n'espérant plus que l'Europe puisse être un jour républicaine*, *la France*, dis-je, *se résignera à devenir cosaque.*

Encore un mot et j'ai fini.

Sous le régime du suffrage universel, les insurrections politiques sont remplacées par des insurrections sociales qui ne sont en réalité que des attentats à main armée contre la fortune publique.

Les attentats à main armée contre la fortune publique, devant être punis plus sévèrement que les attentats contre la fortune privée, la loi, pour sauvegarder la société, me paraît devoir s'exprimer ainsi :

L'attentat contre la fortune privée entraînera, pour la première fois, l'emprisonnement *à terme.*

La récidive entraînera la déportation.

L'attentat à main armée contre la fortune publique entraînera la déportation.

L'excitation, par paroles ou par écrits, à l'attentat contre la fortune publique, entraînera la déportation.

Quiconque détruira ou tentera de détruire avec intention, par quelque moyen que ce soit, les fruits de la terre, les immeubles, une valeur quelle qu'elle soit, sera déporté.

Quiconque sera surpris élevant ou défendant une barricade, les armes à la main, sera mis hors la loi.

Citoyens Représentants, détruisez l'ivraie qui stérilise le champ de la France, nous vous bénirons, et les générations futures vous béniront à leur tour.

*Salut et Fraternité,*

**THOMASSIN LE BOHÊME.**

PARIS, 1er AOUT 1848.

BIBLIOTHÈQUE NATIONALE IMPRIMÉS

www.ingramcontent.com/pod-product-compliance
Lightning Source LLC
LaVergne TN
LVHW010316230826
846091LV00009B/3687

* 9 7 8 2 0 1 9 2 8 2 5 2 3 *